이렇게 기도했더니 영안이 열렸다

오흥복 지음

엘맨

머/리/말

예수님을 주님으로 영접한 사람들의 초미의 관심사는 아마 방언을 말하고, 영안(환상)이 열리고, 예언을 하고, 통역을 하는 것이 아닐까 합니다.

저는 약 10년간 예언집회를 하며 환상을 보고, 예언을 하시는 목사님들을 많이 만났습니다. 그분들을 은사 집회 강사님으로 모실 때마다 저는 그분들에게 항상 질문했습니다. "목사님은 어떻게 기도해서 영안이 열렸습니까?"하며 말입니다. 이 책에는 그분들의 이야기가 조금 소개되어 있고, 또한 제가 처음 신앙생활을 했던 대전의 은혜 교회는 입신을 수시로 들어가는 교회였고, 부흥회를 하면 성령의 불을 받아 뜨겁다고 팔짝팔짝 뛰는 그런 교회였습니다. 그 이후로 부흥회 때 성령의 불을 받아 뜨겁다고 팔짝팔짝 뛰는 교회와 성도들을 만나보지 못했습니다.

저는 기독교 신앙을 한마디로 말하면 '백문이 불여일견'이라 생각합니다. 100번 듣는 것보다 실제로 한번 보는 것이 낫다는 말인데 신앙생활도 역시 예수님과 성령에 대하여 100번 듣는다고 해도 한번 성령의 불을 받고 체험하는 것이 100배 낫다고 믿고 있습니다. 이를 다른 분들은 기독교 신앙을 체험적인 신앙이라 하지만 그러나 그분들이 말하는 체험적인 신앙과 백문이 불여일견이라는 말에는 약간의 차이가 있습니다. 체험적인 신앙이 예수님을 인격적으로 만나는 것이라면 제가 말하는 백문이 불여일견이라는 말은 방언을 말하고, 환상을 보고, 성령의 불을 받는 체험적인 신앙을 말합니다. 단연코 이런 백문이 불여일견을 체험하신 분들은 어떠한 경우에서도 결코 배교자가 되지 않습니다. 왜냐하면 이보다 더 확실한 체험은 없기 때문입니다. 그러나 안타깝게도 외국서적과 우리나라에서는 이런 영안이 열리는 방법을 알려주는 책과 성령의 불을 받게 하는 책이 극히 제한적이고 없습니다.

제가 이 책을 쓰며 아쉬웠던 점은 환상을 보는 방법과 성령의 불을 받는 방법에 대하여 가르쳐 주는 책이 거의 전무하다는 것이었습니다. 그래서 책으로는 정보를 수집하기가 어려웠습니다. 그러나 다행히 저는 37년 동안 이런 환상 보는 방법에 대한 정보를 수집해 왔습니다. 그리고 그 수집한 오랜 정보를 가지고 오늘 이렇게 정리해서 환상 보는 방법을 가르쳐 주는 책을 쓰게 되었습니다.

　좀 더 많은 분들을 예로 들어 설명해야 하지만 말씀 드렸듯이 이런 정보를 제공하는 책이 없어 제가 수집한 정보만 가지고 책을 쓰다 보니 많은 예를 들지 못해 아쉬웠습니다. 그러나 영안이 열리고, 성령의 불을 받고자 하시는 분들에게 이 책이 아마 큰 도움이 될 것입니다. 왜냐하면 이 책에서는 환상을 보는 방법과 성령의 불을 받는 방법이 기록되어 있기 때문입니다. 이렇게 영안이 열리는 방법과 성령의 불을 받는 방법을 기록한 책은 국내에서 이 책이 유일하다고 봅니다.

　끝으로 이렇게 책으로 출간할 수 있도록 역사하신 하나님께 진심으로 감사를 드립니다.

2022년 7월

서울 순복음 은총교회 오흥복 목사

목/차

제 **1** 장

영안은 이렇게 할 때
열리는 것이다

1. 베드로는 이렇게 해서 환상이 열렸다

1) 비몽사몽 환상에 대하여

행10:10-14절을 보면 베드로에게 환상이 열리기 시작한 내용이 나옵니다. 그 내용을 살펴보면 다음과 같습니다. "시장하여 먹고자 하매 사람이 준비할 때에 비몽사몽 간에, 하늘이 열리며 한 그릇이 내려오는 것을 보니 큰 보자기 같고 네 귀를 매어 땅에 드리웠더라, 그 안에는 땅에 있는 각색 네 발 가진 짐승과 기는 것과 공중에 나는 것들이 있는데, 또 소리가 있으되 베드로야 일어나 잡아 먹으라 하거늘, 베드로가 가로되 주여 그럴 수 없나이다 속되고 깨끗지 아니한 물건을 내가 언제든지 먹지 아니하였삽나이다."라고 하는데, 여기서 10절을 보면 '비몽사몽'이라는 말이 나옵니다.

그런데 이 비몽사몽이라는 말이 헬라어로 '엑스타시스'라 해서 '황홀'이라는 뜻을 가지고 있습니다. 이 황홀이라는 말을 성경사전으로 찾아보면 '꿈인 듯 아닌 듯'으로 해석하고 있는데 이를 우리식으로 해석하면 "꿈인지 생신지"라는 말로 해석할 수 있습니다. 그런데 이 '엑스타시스'라는 말의 유래가 '엑수시아'라는 권세라는 말에서 유래가 되었다고 합니다. 그러므로 이 비몽사몽 간에 보는 환상은 마치 예수 이름에 권세가 있는 것 같이 권세 있는 환상입니다. 다시 말해 이 비몽사몽 간에 보는 환상은 반드시 이루어지는 환상입니다. 그래서 그런지 이렇게 본 환상은 그 적중률이 아주 높습니다. 또한 프리셉트 원어 해석 성경에 의하면 이 비몽사몽 간의 환상을 거룩한 환상을 볼 때 보는 환상이라 해석하고 있습니다.

행10장을 보면 베드로는 이 환상을 통해 이방인인 고넬료가 올 것을 알았고, 또 그렇게 고넬료가 왔습니다. 결국 이 환상을 통해 베드로는 세계 선교의 물꼬를 열었고, 바울 사도가 마음껏 세계 선교를 할 수 있는 계기가 되었습니다. 이렇게 이 비몽사몽 간에 보는 환상은 중요합니다. 왜냐하면 이 비몽사몽 간에 보는 환상은 마치 환상과 같아서 그 적중률이 거의 100%가 되기 때문입니다.

2) 누구든지 환상을 볼 수 있다

베드로가 보았던 환상이 비몽사몽 간에 보는 환상이었는데 행10:10-16절 내용을 자세히 보면 "시장하여 먹고자 하매 사람이 준비할 때에 비몽사몽 간에, 하늘이 열리며 한 그릇이 내려오는 것을 보니 큰 보자기 같고 네 귀를 매어 땅에 드리웠더라, 그 안에는 땅에 있는 각색 네 발 가진 짐승과 기는 것과 공중에 나는 것들이 있는데, 또 소리가 있으되 베드로야 일어나 잡아 먹으라 하거늘, 베드로가 가로되 주여 그럴 수 없나이다 속되고 깨끗지 아니한 물건을 내가 언제든지 먹지 아니하였삽나이다, 또 두 번째 소리 있으되 하나님께서 깨끗케 하신 것을 네가 속되다 하지 말라 하더라, 이런 일이 세 번 있은 후 그 그릇이 곧 하늘로 올리워 가니라"하며, 13절을 자세히 보면 주님이 베드로에게 '네 발 가진 짐승과 기는 것과 공중 나는 것들을 잡아 먹으라' 하고 있습니다. 그러자 14절 베드로는 대답하길 '저는 잡아 먹을 수 없습니다. 왜냐하면 저는 속되고, 깨끗하지 아니한 물건은 먹은 적이 없습니다'하고 대답하였습니다. 또한 15절과 16절 역시 주님과 베드로가 대화하는 장면이 나옵니다.

3) 환상 보는 방법

첫째, 통성 기도를 통해 비몽사몽 간의 환상을 볼 수 있습니다.

그러면 베드로가 어떻게 해서 이 비몽사몽 간의 환상을 볼 수 있었을까요? 성경에는 베드로가 어떻게 이 열린 환상과 같은 비몽사몽 간의 환상을 보았는지에 대하여 아주 자세히 나오고 있습니다. 베드로가 어떻게 이 비몽사몽 간의 환상을 보았는지 알기 위해서는 다시 행전 10:9-16절을 자세히 봐야 합니다. 행전 10장9-16절을 보면 "이튿날 저희가 행하여 성에 가까이 갔을 그 때에 베드로가 기도하려고 지붕에 올라가니 시간은 제 육 시더라, 시장하여 먹고자 하매 사람이 준비할 때에 비몽사몽 간에, 하늘이 열리며 한 그릇이 내려오는 것을 보니 큰 보자기 같고 네 귀를 매어 땅에 드리웠더라, 그 안에는 땅에 있는 각색 네 발 가진 짐승과 기는 것과 공중에 나는 것들이 있는데, 또 소리가 있으되 베드로야 일어나 잡아 먹으라 하거늘, 베드로가 가로되 주여 그럴 수 없나이다 속되고 깨끗지 아니한 물건을 내가 언제든지 먹지 아니하였삽나이다, 또 두 번째 소리 있으되 하나님께서 깨끗케 하신 것을 네가 속되다 하지 말라 하더라, 이런 일이 세 번 있은 후 그 그릇이 곧 하늘로 올리워 가니라"하며, 9절을 보면 베드로가 제 육 시에 기도하러 지붕에 올라갔다고 합니다.

그런데 여기서 유대 시간 제 육 시는 지금으로 하면 정오 12시를 의미하는 말입니다. 또한 기도하러 지붕에 올라갔다고 했는데 우리나라 식으로 하면 이 말씀이 해석이 되지 않지만 당시 유대인의 지붕은 슬라브 집과 같이 평평하여 그곳에 다락방을 짓기도 했고, 휴식의 장소로 활용하기도 했습니다. 결국 베드로는 다락방에 올라가 기도하고 있었습니다. 그리고 10절을 보면 베드로가 아침식사 때가 지났기에 배가 고팠다고 나옵니다. 왜냐하면 이스라엘 사람들은 하루 두 번 식사를 하는데 아침은 일반적으로 오전 11시에 먹고 저녁은 저녁 6시에 먹습니다. 제 육시(12시)라 함으로 베드로는 지금 아침식사를 하지 못한 상태에서 벌써 1시간이 지난 것입니다. 그래서 베드로는 아침을 준비하라 해 놓고, 그 준비하는 시간동안 다락방에서 기도하는 중이었습니다.

그런데 사람이 너무 시장하다 보면 깜빡 졸게 되는데 지금 베드로가 바로 그렇게 깜빡 졸게 되었습니다. 그렇게 졸다가 베드로는 바로 비몽사몽 간의 환상을 보았다는 것이 본문의 내용입니다. 다시 말해 비몽사몽 간의 환상은 바로 이렇게 잠깐 졸 때 꾸는 현몽을 말합니다. 피곤해 잠깐 꾸는 꿈, 그것을 지금 성경에서는 비몽사몽 간의 환상이라 말하고 있습니다.

그러므로 이 비몽사몽 간의 환상을 보고 싶으면 통성으로 한 40분 정도 기도하시고, 그러다 묵상의 시간을 가져 보시길 바랍니다. 그러면 "졸지 말아야지 하는데"하는 생각을 하며 잠깐 졸게 될 것입니다. 그러다 꿈을 꾸게 될 것입니다. 그런데 이 잠깐 졸며 꾸는 꿈을 성경은 비몽사몽 간의 환상이라고 말하고 있습니다.

그 동안 우리는 기도하다 이렇게 잠깐 졸다가 비몽사몽 간에 꿈을 꾸었지만 그것이 환상인지 몰랐기에 그 꿈이 이루어졌는지 환상인지 몰랐던 것입니다. 그러므로 이제부터는 베드로가 본 이 비몽사몽의 환상을 보고 싶으시면 한 40분 정도 몸을 흔들며 소리를 지르며 기도해 보시길 바랍니

다. 그러면 베드로가 본 비몽사몽 간의 환상을 보게 될 것
입니다.

　그런데 왜 이 환상을 보기 위해 소리를 지르며 통성으로
기도해야 하느냐는 것입니다. 그것은 그렇게 해야 몸이 피
곤해 비몽사몽 간의 상태가 되기 때문입니다. 그 상태를 만
들어야 결국 비몽사몽 간의 환상을 볼 수 있기 때문입니다.
이렇게 기도하는 데는 역시 방언기도가 최고입니다. 그러
므로 방언으로 이렇게 한 40분 정도 기도해 보시길 바랍니
다. 그리고 묵상을 해 보시길 바랍니다. 그러면 틀림없이
환상을 누구나 보게 될 것입니다.

　2007년 8월에 여름 성경학교를 했습니다. 금번에는 좀
다르게 하자 해서 아이들에게 환상을 보여 주어야겠다는
심정으로 주일학교 학생들에게 통성으로 방언을 하게 하
며, 한 40분 정도 창자가 끊어지도록 소리를 지르며 기도하
게 했습니다. 그리고 아이들에게 가장 편한 자세로 누워서
묵상기도를 하라고 했습니다. 그렇게 한 15분 정도를 시키
고 아이들에게 일어나 꿈 꾼 것이 있으면 이야기하라고 했
습니다. 그랬더니 아이들의 반 정도가 열린 환상을 보며 주

님을 만났다고 간증하였습니다. 그러므로 베드로가 본 비몽사몽 간의 환상을 보고 싶으면 여러분도 한번 해 보시길 바랍니다. 한번으로 안 되면 여러 번 해보시길 바랍니다. 그러면 틀림없이 열린 환상을 누구나 볼 수 있게 될 것입니다. 처음에는 영몽과 같은 환상이 보일 수도 있지만 계속하다 보면 틀림없이 현몽과 같은 환상을 보게 될 것입니다.

둘째, 한 단어를 눈에 떠올린 상태에서 잠을 자라.

비몽사몽 간의 환상을 보는 두 번째 방법은 한 단어를 생각하며 "성령님! 어떻게 해야 합니까"하고 한 단어를 눈에 잔상(여운)으로 남겨놓은 상태로 5~10분 정도 그 단어를 눈에만 떠올린 상태에서 잠이 들면 현몽을 꾸게 되는데 그렇게 꾼 꿈이 바로 비몽사몽 환상입니다.

여기서 언어분석 철학자인 비트겐슈타인은 말하길 "한 단어에는 한 그림이 있다. 그런데 만약 단어에 그림이 없으면 이는 언어의 유희다"라고 하며 그림이론을 말했는데 이 말이 무슨 말이냐면 우리가 '엄마'하면 '엄마'에 대한 가장 아름다웠던 좋은 추억의 사진 한 카트가 떠오르고, '아내'

하면 아내에 대한 한 좋은 이미지(사진)가 떠오르고, 자녀하면 자녀에 대한 좋은 한 이미지(사진)가 떠오르는데 이것을 비트겐슈타인은 그림이론이라 했습니다. 제가 지금 한 단어를 떠올리라는 말이 바로 비트겐슈타인이 말한 그림이론을 말하는 것입니다. 다시 말해 단어를 떠올리라는 말은 한 이미지(사진)를 떠올리라는 말이고, 이를 다른 말로 하면 사진 한 카트를 떠올리라는 말입니다.

사진 한 장(한 카트 사진)은 움직이지 않기에 동영상이 아닙니다. 한 단어도 동영상이 아니기에 움직이지 않습니다. 만약 단어나 사진이 움직이면 이는 동영상입니다. 그러므로 떠올리는 단어(사진)는 움직이는 동영상이 아닌 멈춰 있는 한 단어(사진)를 떠올려야 합니다. 다시 말해 '엄마'라는 이미지를 떠올리지 말고, 엄마라는 단어를 떠올리란 말입니다. 그러면 자동적으로 엄마의 형체(이미지.사진)가 멈춰있는 모습(사진)이 보일 것입니다. 이 상태에서 생각을 멈추고 5~10분 동안 있으면 잠깐 잠이든 비몽사몽 환상이 보일 것이며, 이 상태에서 저녁에 잠을 자면 현몽을 꾸게 될 것입니다. 다시 말해 환상을 보게 됩니다.

그런데 여기서 기억할 것은 단어를 여러 개 생각하면(단어를 여러 개 떠올리면 동영상이 되므로 한 단어만 떠올려라) 안 되고 오직 한 단어(사진)만 생각해야 합니다. 만약 여러 개의 단어를 동시에 떠올리면 오히려 머리가 복잡하고 불면증에 걸립니다. 왜냐하면 생각에 생각이 꼬리를 물기에 결국 불면증에 걸리게 됩니다. 그러므로 오직 한 단어만 생각하고 있으면 됩니다(한 단어에는 반드시 한 이미지 즉 사진이 떠오른다). 그러면 열린 환상인 비몽사몽 환상을 볼 수 있습니다.

마1:18-21절을 보면 마리아의 남편 요셉이 현몽하는 장면이 나옵니다. 그런데 그 내용을 자세히 살펴보면 "예수 그리스도의 나심은 이러하니라 그 모친 마리아가 요셉과 정혼하고 동거하기 전에 성령으로 잉태된 것이 나타났더니, 그 남편 요셉은 의로운 사람이라 저를 드러내지 아니하고 가만히 끊고자 하여, 이 일을 생각할 때에 주의 사자가 현몽하여 가로되 다윗의 자손 요셉아 네 아내 마리아 데려오기를 무서워 말라 저에게 잉태된 자는 성령으로 된 것이라, 아들을 낳으리니 이름을 예수라 하라 이는 그가 자기 백성을 저희 죄에서 구원할 자이심이라 하니라" 하며, 요셉이 정혼을 하고, 동침을 하지 않았는데 그만 마리아가 임신을 했다는 것입니다.

이 소식을 들은 요셉은 밤잠을 자지 못하고 '성령님! 이 문제를 어떻게 해야 합니까?'하며, 20절을 보면 이 일을 골몰히 생각했다고 하고 있습니다. 이렇게 요셉이 그 일을 골몰히 생각하다 잠이 들었습니다. 그랬더니 주의 사자가 나타나는 현몽을 꾸게 되었다고 합니다. 이렇게 성경은 요셉이 어떻게 현몽인 환상을 꾸었는지에 대하여도 자세히 설명하고 있습니다.

이렇게 요셉이 신경을 쓰며, 성령님께 기도하며 의논하며 자다 보니 현몽인 환상을 볼 수 있었습니다. 그러므로 우리도 현몽을 꾸고 싶으면 요셉과 같이 성령님께 골몰히 생각하다 주무시길 바랍니다. 그러면 틀림없이 현몽을 꾸게 될 것입니다. 그러나 주의할 것은 이렇게 현몽을 꾸겠다고 밤마다 골몰히 생각하며 잠을 자다보면 앞에서 말씀 드린 것 같이 불면증에 걸릴 수도 있으니 조심하시길 바랍니다. 환상보는 가장 좋은 방법은 요셉처럼 골몰히 생각하지 마시고 그냥 단어(사진) 하나만 떠올린 상태에서 그 단어(사진)가 눈에서 떠나지 않은 상태로 5~10분 동안 있게 한 상태에서 잠을 자면 불면증도 걸리지 않고 환상도 보게 될 것입니다.

그러나 이렇게 밤마다 골몰히 생각하지 않고 환상인 현몽을 꿀 수 있는 방법이 있는데 그것은 새벽예배를 드리고 집에 가서 할 일을 다해놓고 너무 피곤하면 한 단어(사진)만 생각한 상태에서 잠을 자면 됩니다. 그러면 현몽인 비몽사몽 간의 환상을 보게 됩니다.

그런데 여기서 우리가 알아야 할 것은 비몽사몽의 환상은 깜빡 졸기 시작할 때 잠깐 꾸는 꿈을 말하고, 현몽은 깊은 잠을 자다 깰 때 꾸는 선명한 꿈입니다. 여기서 환상이 되는 비몽사몽과 현몽은 꿈을 꾸고 난후 해몽이 필요 없을 정도로 선명하고 확실하게 꾼 꿈입니다. 이런 꿈만 환상이 됩니다.

2007년 5월에 우리 교회 권사님 한 분이 암으로 소천하셨습니다. 우리는 그분을 살리기 위해 금식하며 기도했습니다. 그런데 그분이 소천하시기 3일 전에 꿈속에 나타나셔서 말씀하시길 "목사님! 그동안 고마웠습니다."라고 그분이 교회에 들어오지 않고 교회문 밖에서 그렇게 인사를 하는 것이었습니다. 그래서 저는 꿈속에서 "권사님! 들어오세요" 했더니, 자기는 이제 그곳에 들어 갈 수 없다고 하시고 그분은 사라졌습니다. 그리고 저는 꿈을 깼습니다. 꿈을 깨는 순간 저희 부부는 알았습니다. 권사님이 곧 소천하시겠구나 하고 말입니다. 그리고 삼 일 후에 소천하셨습니다.

2014년에 저의 처조카인 혜린이가 고2학년 때 뇌혈관 장애로 소천했습니다. 우리는 그 아이를 살리기 위해 며칠 동안 방언과 축사와 선포를 하며 기도했습니다. 저는 잠을 잘 때도 혜린이(단어)를 눈에 떠올리면 잠을 잤습니다. 그렇게 혜린이를 눈에 떠올리며 잠을 자던 삼 일째 되던 날, 혜린이가 꿈속에 나타나 저에게 말없이 인사를 하고 가는 것이었습니다. 저는 혜린이가 죽을 것을 알았습니다. 며칠 후 혜린이는 소천했습니다.

이해를 돕기 위해 한 가지만 더 예를 들어보겠습니다. 저는 군에서 이등병을 달고 병장 제대할 때까지 군병사병으로서 단독 목회를 했습니다. 그런데 제가 대대 군종병으로 단독 목회를 하기 전 저는 제가 그 군대교회에서 단독 목회를 할 것을 알았습니다. 왜냐하면 제가 어느 날 예비대에서 저녁에 잠을 자게 되었습니다. 저녁 잠들기 전 저는 하나님께 기도했습니다. "사랑하는 주님! 오늘 대대 군종병으로 가는 꿈을 꾸게 해 주세요"하고 말입니다. 그랬더니 그날 기상나팔을 불기 전에 꿈을 꾸었는데 그것은 제가 제 짐을 다 챙겨서 따불백(군대 가방)에 넣고 그 가방을 메고 나가는 것이었습니다. 그래서 저는 알았습니다. 오늘 내가 대대 군종병으로 단독 목회를 하러 가겠구나 하고 말입니다. 그리고 오전 10시에 행정반에서 연락이 왔습니다. 대대 군종병으로 전출이 되었다고 말입니다. 그래서 재대할 때까지 단독 목회를 할 수 있었습니다. 이렇게 현몽은 비몽사몽 간의 환상이며 또한 진짜 환상에 해당합니다. 그래서 틀림없이 이루어집니다.

결론적으로 말씀 드리면 비몽사몽 환상은 베드로가 처음 본 환상이며 이 환상으로 베드로는 영안이 열렸습니다. 마찬가지로 우리도 비몽사몽 환상을 보기 시작합시다. 그러면 곧 환상(영안)이 열릴 것입니다.

2. 영안이 열리는 과정

서울에서 목회하시는 김형통 목사님이 영안이 열리는 과정을 이렇게 설명하셨습니다.

아이가 말을 배울 때 처음부터 말을 잘하는 것이 아니라 처음에 엄마의 말을 좇아 "엄"하다가 후에 "엄~마"하다 더 시간이 지난 후 비로소 온전하게 '엄마'하며 언어가 열리는 것 같이 영안도 먼저 열린 사람의 도움을 받아 훈련을 거치게 되면 비록 수동이지만 영안이 열립니다.

영안이 열리면 눈을 감고도 이미지(사진 한 카트)가 보이고, 눈을 뜨고도 이미지가 보이는데 영안이 열리는 첫 번째 단계는 컵에 양의 그림이 그려져 있다면 그 양을 한참 응시하여 보다가 눈을 감으면 눈에 양에 대한 한 카트의 사진의 잔상(여운)이 남게 되는데 이 양에 대한 한 카트의 잔상을 3분 정도 유지하는 것이 첫 번째 영안이 열리는 과정입니다.

두 번째 영안이 열리는 과정은 푸른 초장 속에 있는 나를 동영상으로 상상해 본다든가 또는 주님과 함께 춤추는 모습을 동영상으로 상상하며 이미지를 그린다든가 하는 것입니다.

세 번째 영안이 열리는 단계는 한 카트의 사진의 이미지가 자동적으로 세 카트의 사진으로 바뀐다든가 아니면 춤추는 동영상이 다른 몇 개의 동영상으로 바뀌는 것입니다. 세 번째 단계에 들어서면 비로소 진짜 영안이 열린 것입니다. 이 세 번째 단계는 마치 꿈을 꿀 때 꿈속에서 장면이 바뀌는 것과 같은 현상입니다. 그런데 중요한 것은 첫 번째 단계와 두 번째 단계라 해서 실망해서는 안됩니다. 왜냐하면 이 단계를 거쳐야 세 번째 단계의 영안이 열리기 때문입니다. 그런데 이 모든 것은 성령 안에 있을 때만 이런 일들이 일어납니다.

그런데 여기서 우리가 기억할 것은 첫 번째 단계에서 '단어', '그림', '사진의 한 카트' 라는 말들은 다 같은 말인 동의어입니다. 왜냐하면 같은 말들을 다르게 표현하고 있는 것뿐이기 때문입니다. 그러나 여러분들이 그림이나 사진으로 눈에 잔상이 남게 하면 잘 못하면 잡념에 사로잡혀 기도에 혼동이 올 수 있습니다. 그래서 제가 앞에서 말씀 드린 것 같이 첫 번째 단계에서는 그림이나, 사진을 잔상으로 떠올리지 마시고 단어인 엄마, 아빠, 치료, 돈을 잔상(여운)으로 떠올리는 것이 좋습니다. 그러면 비트겐슈타인이 말한 "언어의 그림이론"에 의하면 단어를 생각하면 자동적으로 그림(사진 한 장면)이 떠오르게 되기 때문입니다. 이렇게 한 가지 단어를 잔상으로 떠올리다 보면 자동적으로 세 번째 단계인 동영상을 보는 단계에 돌입하게 되는데 이를 비몽사몽 또는 환상이라 합니다.

김 목사님은 예언에 대하여 말하길 우리가 성령 안에서 기도할 때 떠오르는 생각(단어.그림.동영상)들이 있는데 그 생각들을 마귀가 주는 잡념이라 생각하여 물리치지 말고 그 생각을 잡으라고 합니다. 이것을 '생각잡기'라 하는데 이때 떠오른 생각(그림.단어.동영상)을 다른 말로 표현하면 단어입니다. 다시 말해 생각이 떠오른 그림(단어.동영상)을 단어로 요약 시켜 그 단어를 연결시켜 문장으로 만들어 기도를 하면 예언기도가 됩니다.

예를 들면 사람을 만나 이야기를 하면 그 사람의 이야기를 들으며 이 사람은 적극적이고, 온유하고, 긍정적인 사람이라는 생각을 갖게 되는데 이때 적극적이라는 단어와 온

유하다는 단어와 긍정적이라는 단어를 가지고 우리가 삼행시를 짓듯이 긍정적이게 말을 문장으로 만드는 것인데 이때 성경구절과 성경 인물을 끌어들여 긍정적인 예언을 해 주면 됩니다. 이것이 예언의 훈련의 첫 단계이고 진짜 예언이 열리면 대화를 나누며 파악해서 예언해 주는 것이 아니라 진짜 단어가 몇 개가 떠오르게 됩니다. 이 두 번째 단계가 되면 성령 안에서 예언이 열려서 진짜 예언해 주는 단계가 됩니다. 그러나 첫 번째인 대화를 나누며 상대방을 파악해 세 가지 긍정적인 단어를 가지고 문장을 만드는 단계도 무시 못 할 아주 중요한 단계입니다. 왜냐하면 이 단계를 거쳐야 비로소 저절로 단어가 떠올라 진짜 예언을 해줄 수 있기 때문입니다.

3. 이렇게 영안이 열렸다

마중물 기도라는 것이 있습니다. 이 마중물 기도를 다른 말로 말씀 드리면 상상기도 또는 환상기도라 합니다. 마중물이란 샘에서 펌프질을 할 때 그냥 펌프질을 하면 샘물이 올라오지 않는데 그 펌프에 한 바가지 물을 넣은 후 펌프질을 하면 땅속에 있는 샘물이 따라 올라오는데 이렇게 샘물을 푸기 전 먼저 물 한 바가지를 넣는 것을 마중물이라 합니다.

기도에도 마중물 기도가 필요한 것 같이 영안이 열리는데도 마중물이라는 상상기도가 필요합니다. 여러분들의 이해를 돕기 위해 조용기 목사님이 어떻게 방언을 받았는지 잠시 말씀 드리도록 하겠습니다. 원래 조용기 목사님은 방언을 하지 못했습니다. 그러던 어느 날 최자실 목사님에게 조용기 전도사가 찾아가 말씀 드리길 "어떻게 해야 방언을 할 수 있습니까?"하고 물었습니다. 그러자 최자실 목사님은 "조용기 전도사! 내가 시키는 대로 한번 해봐."하며 "할렐루야를 계속해봐."라고 말씀하셨습니다. 그래서 조 전도사님은 최 목사님이 시키는대로 방언을 흉내내서 "할렐루야"를 계속했습니다. 그러자 잠시 후 성령님이 조용기 전도사님의 혀를 사로잡더니 진짜 방언이 되게 하셨습니다.

이와 같이 마중물 기도란 내가 먼저 뭔가를 시도하는 것을 말하는데 방언을 받을 때는 "할렐루야"를 계속하며 내가 먼저 "할렐루야"라는 마중물을 해야 하고, 영안이 열릴 때도 역시 마중물이라는 상상기도가 필요합니다. 왜냐하면 이렇게 영안이 열리는 것을 상상하다 보면 이것이 마중물이 되어 진짜 눈을 뜨나 감으로 환상이 보입니다. 그래서 영안이 열리려면 마중물 기도(상상기도)가 필요합니다. 이렇게 마중물 기도를 할 때까지는 거짓 방언이며 거짓말이 됩니다. 그러나 그 마중물(상상기도)에 성령이 임하면 그때부터는 진짜 방언이 되고, 진짜 환상이 됩니다. 그래서 마중물 기도가 중요합니다.

목포에서 영성운동을 하시는 임영성 목사님도 이렇게 마중물 기도를 해서 영안이 열렸습니다. 그 분은 먼저 성령님께 임재를 요청한다고 말씀합니다. "성령님! 내게 임하옵소서."하며 성령의 임재가 느껴질 때 상상기도(마중물 기도)를 많이 했습니다. 상상기도를 할 때는 주님의 십자가를 많이 상상(생각.환상.마중물)했습니다. 그런데 주님의 십자가가 잘 상상이 안돼서 성화그림을 보고 많이 상상했습니다.

다시 말씀드리면 마중물처럼 우리(내가)가 거룩한 생각을 자꾸 하다 보면 영적으로 들어가는 통로가 열립니다. 기도도 상상기도를 해야 응답을 받는 것 같이 환상도 이렇게 상상기도(마중물)를 통해서 열리기 시작합니다. 처음에는 예수님의 십자가상을 볼 수 없어서 예수님이 십자가에 달려 못 박히신 성화들을 앞에다 놓고 의도적으로 그 성화들을 보면서 십자가를 상상했다고 합니다. 이렇게 하다보면 안보고도 주님의 십자가가 선명하게 상상이 됩니다.

그러면서 임 목사님은 예수님의 십자가를 상상하는 것으로 끝나지 않고 자기 손으로 예수님이 못 박힌 손도 상상으로 잡아보고, 예수님이 나를 위하여 이렇게 못 박히셨네! 이렇게 나 때문에 고통을 당하셨네! 하면서 예수님의 손도 만져보고, 예수님의 가시 면류관도 만져보고, 십자가도 만져보고, 예수님이 피 흘리신 얼굴도 만져보며 의도적으로 상상(환상.생각.마중물)하면서 만져보았습니다. 이렇게 상상하다보면 어느 날부터는 예수님을 만질 때 피부적으로 진짜 만지는 것 같은 느낌이 들었습니다. 그러다 보면 어느 순간에 예수님의 피부에 있는 털까지도 눈으로 보이게 되었습니다.

그리고 임 목사님은 천사들도 생각(상상.환상)했습니다. 천사들이 예배드리는 교회 공간에 있는 것을 의도적으로 상상(생각.환상)했습니다. 이렇게 하다 보면 영적인 부분이 더 예민해지고 민감해지더니 어느 날부터는 천사들이 교회 의자에 앉아 있고 날아다니는 것이 진짜 보이게 되었습니다.

이렇게 마중물식 생각으로 거룩한 생각, 믿음의 생각, 아름다운 생각을 상상으로 하다 보니 영은 더 맑아지고 더 민감해지게 되었습니다. 이렇게 어느 정도 시간이 지난 후 헌금봉투를 보니 그 사람에 대하여 뭔가가 보이기 시작했고, 그 사람을 위해 기도해 주려 하면 뭔가가 그 사람에 대하여 보이기 시작했고 또한 어떤 사람이 꿈 이야기를 하면 그 사람이 꾼 꿈이 보이기 시작했습니다. 그러더니 이제는 눈을 감으나 뜨나 열린 환상이 보이기 시작했다고 합니다.

조용기 목사님은 처음 성령님과 동행하기 위해 이렇게 하셨습니다. 차를 탈 때는 자가용 문을 열고 "성령님! 차에 타십시오."하고 또 자리에 앉을 때는 "성령님! 여기에 앉으십시오." 또 식사를 하실 때는 "성령님! 이것 먼저 드세요."하는 식으로 하셨는데 임 목사님도 강단에 가장 좋은 강대상 의자를 준비해 놓고, 성도들에게 말씀하시길 "이 의자에 주님이 앉아 계십니다."하며 주님을 섬겼습니다. 그러자 성도들도 그 자리에는 주님이 앉아계신 것으로 알고 그 앞에서 기도하였습니다. 그러던 어느 날 성도들이 말하길 "목사님!

저 의자에 주님이 진짜 앉아 계세요"하며 환상을 보게 되었습니다.

임 목사님은 성도들에게 이렇게 환상기도(상상기도.마중물기도)를 많이 가르쳐 주셨습니다. 그리고 성도들에게 문제가 생겼을 때도 문제를 보지 말고 하나님이 역사해 주셔서 문제가 해결된 모습과 기도응답 받은 모습과 아름다운 모습을 상상해 보라고 하셨습니다. 이런 상상기도의 가르침이 곧 성도들을 열린 환상을 보게 하는 밑거름이 되었습니다.

임 목사님은 자기가 영안이 열린 핵심을 말씀하셨는데 그것은 책을 읽든, 기도를 하든, 사람을 대할 때나, 성경을 보든 상상(마중물기도)하며 보았다고 합니다. 이 상상기도인 환상기도(마중물기도)를 통해 임 목사님은 영안이 열렸습니다. 이것이 영안을 여는 기도의 핵심이라 하셨습니다. 임 목사님은 성경을 읽을 때도 그냥 읽는 것이 아니라 상상하며 읽었는데 예를 들면 예수님이 가나의 혼인 잔치에 갔다고 하시면 당시 혼인 잔치를 상상하며 읽었고, 그리고 물을 포도주로 만들었다고 하면 실제로 물로 포도주로 만드는 과정을 상상했으며 열두 해를 혈루증에 걸린 여인에 관한 내용을 보면 그 현장에 가서 그 현장을 동영상으로 상상하며 보았습니다. 이런 상상기도의 시작이 후에 영안이 열려 환상을 보는데 큰 도움(마중물)이 되었습니다.

임 목사님은 결론적으로 말씀하시길 수학에도 공식과 원리가 있는 것 같이 영의 세계도 공식과 원리가 있는데 영안이 열리는 공식은 바로 상상기도라는 마중물이 공식과 원리라고 하셨습니다. 그러므로 우리 모두 상상하며 기도를 하고, 성경을 보고, 사람을 대해 보시길 바랍니다. 그러면 여러분도 반드시 영안이 열릴 것입니다.

창 37:19절을 보면 "꿈꾸는 자가 오는도다."하고 있는데 이를 다른 말로 바꾸면 요셉을 향해 형제들은 "저기 상상(마중물)기도 하는 자가 오는구나."하고 있는 것입니다. 그런데 요셉은 결국 이 상상기도한지 17년만에 응답을 받았습니다. 그러므로 요셉과 같이 꿈꾸는 자가 되십시오. 즉 요셉과 같이 마중물이라는 상상 기도하는 자가 되시기 바랍니다.

4. 또 다른 목사님들의 이야기

일반적으로 예언은 단어가 떠올라 예언을 하는데 어느 목사님은 긍휼히 여기는 마음으로 예언을 하기도 하고, 또한 직관적으로 예언을 하기도 하고 어떤 분은 기름부음으로 예언을 하는데 기름부음으로 예언할 때는 바로 예언을 하는 것이 아니라 주님이 어떤 정보를 주실 때까지 기다렸다가 예언을 한다고 합니다. 그런데 기름부음으로 예언하실 때는 환상과 단어 떠오름과 직관적으로 하게 되는데 이때는 이것들을 종합해서 한다고 합니다.

또 어떤 목사님 부흥회 때 강사 목사님의 안수를 통해 환상이 열렸는데 사진 한 카트(그림)가 보이기 시작하며 예언을 하게 되었다고 합니다. 그 이후에는 열 명을 위해 기도하면 열 명에 대한 한 두 카트의 사진(그림.환상)이 보인다고 합니다. 그러므로 여러분들도 은사 집회가 있을 때 은사를 사모하는 마음으로 적극적으로 참석해 강사님으로부터 안수를 받아 보시길 바랍니다. 그러면 이분처럼 여러분도 환상이 열릴 수 있습니다. 또한 어느 목사님은 집에서 티브이를 보다 환상이 열린 분도 계신데 그분은 한번에 열 카트의 사진(환상)이 보인다고 합니다. 또한 은사자들 중에는 은사 받으려 좇아다니다 환상이 열린 것이 아니라, 열심히 말씀을 행하고, 교회에서 봉사하며, 기도하다보니 환상이 열렸다고 하시는 분도 계십니다. 그러므로 여러분들도 교회에서 열심히 봉사하고 기도하고 말씀대로 행해 보시길 바랍니다. 그러면 환상이 열릴지도 모릅니다. 또한 영성운동을 10년 정도 좇아다니며 훈련을 거쳐 환상과 예언이 열린 목사님도 계십니다. 그 분의 말에 의하면 환상이 한 번에 열리기도 하지만 반드시 그런 것은 아니라 영성운동을 통해 서서히 환상이 열리기도 한다고 하며 영성집회에 은사를 사모하는 마음으로 참석해 보라고 권하셨습니다. 그러므로 여러분들도 부흥회나 영성운동에 은사를 사모하는 마음으로 적극적으로 몇 년 동안 참석해 보시길 바랍니다. 그러면 환상이라는 영안이 열릴 수도 있으니 말입니다.

5. 방언은 환상을 보는 통로이다

방언기도는 은사의 통로이며 영안의 통로입니다. 우리가 집안에 들어오기 위해서는 현관문을 통과해야 합니다. 마찬가지로 방언기도는 은사의 현관문입니다. 우리가 현관문을 열어야 집안으로 들어와 집안구경을 할 수 있는 것 같이 9가지 은사를 받기 원하시면 방언기도를 해야 합니다. 그렇지 않고는 9가지 은사를 다 받을 수 없습니다. 반드시 그러하느냐 할 때는 그렇지 않을 수도 있지만 일반적으로 그렇습니다. 저는 많은 은사사역을 하시는 분들을 만나 보았습니다. 그런데 그 분들의 공통적인 특징은 방언기도였습니다. 그리고 그분들이 한결 같이 고백하는 것은 다 방언을 말한 후 은사가 열렸다는 것입니다. 그러므로 방언은 모든 은사의 통로라 보아도 무난한 것입니다.

저는 예수 믿고 3년만에 방언을 말하게 되었습니다. 그리고 방언을 말한, 그 날 새벽 기도를 마치고 하늘을 보게 되었는데, 제 눈에 행9장의 바울과 같이, 비늘 같은 것이 벗어지며 완전히 새로운 세상이 펼쳐졌습니다. 분명히 하늘도 어제의 하늘이었고, 산천도, 새도, 나무도 어제의 나무며, 새이며, 산천이었습니다. 그런데 달랐습니다. 달라도 조금 다른 것이 아니었습니다. 이는 하늘과 땅의 차이였습니다. 말하자면 완전히 세상이 딴 세상이 되었고, 마치 제가 딴 세상에 온 것 같았고, 딴 세상에 사는 것만 같았습니다. 이런 체험을 한 후 행9장을 대하자 바울의 눈에서 비늘

이 벗겨졌다고 했는데, 비로소 이 말이 이해가 되었습니다. 어쨌든 방언을 말하고 나서 저는 완전히 딴 사람이 되었고, 여러 은사도 받게 되었고 신비한 체험도 하게 되었습니다. 이와 같이 방언은 모든 은사의 통로입니다. 그러므로 영안이 열리기를 바라시면 먼저 방언부터 말해야 합니다. 방언 없이 은사 받은 분은 제가 한분도 만나보지 못했습니다. 그러므로 영안이 열리려면 먼저 방언부터 받아야 합니다.

제 **2** 장

영안을 열리게 하는 기도

1. 방언으로 영안이 열리다

'성령의 삶, 능력의 삶'이란 책을 쓰신 '데이브 로버슨 목사님'은 재제소 옆에 방을 얻어 놓고 재제소 직원이 출근하는 그 시간에 맞추어 출근해서 재제소에서 톱날이 돌아가는 소리가 나면 방언을 하며 성경을 보았고, 재제소에서 휴식을 하면 휴식을 같이 했고, 재제소에서 점심을 먹으면 점심을 먹고, 재제소 직원이 퇴근하면 퇴근하며 하루 8시간 방언으로 성경을 보며 3개월을 기도했다고 합니다.

그러던 어느날 교회에 가서 옆에 앉아 있는 사람을 보니 그 사람을 엑스레이로 보는 것처럼 그 사람 속의 악한 영과 병들이 보여 기도해 주었더니 그가 치료되었다고 합니다. 성도 여러분, 우리도 데이브 로버슨 목사님처럼 하루 8시간 성경을 보며 방언으로 기도해 보시기 바랍니다. 그러면 데이브 로버슨 목사님처럼 영안이 열릴 수도 있습니다.

2. 아홉 가지 은사를 받는 기도

중세 때 한 청년이 살전 5:16-18절 말씀인 "항상 기뻐하라, 쉬지 말고 기도하라, 범사에 감사하라."는 설교를 듣고, 쉬지 말고 기도라는 말씀이 무슨 뜻인지 알기 위해 기도의 순례를 떠났습니다. 그는 가장 먼저 이 설교를 하신 목사님을 찾아가 "목사님 쉬지 말고 기도하는 기도는 어떻게 하는 기도입니까?"하고 질문했습니다. 그러자 목사님은 대답하길 "나도 어떻게 하는 것이 쉬지 말고 기도하는 것인지 모르겠다."하고 대답하신 후 후에 다시 한번 생각해 보자고 하는 것이었습니다. 그래서 후에 다시 찾아가 물어보니 모르겠다는 것이었습니다.

그래서 청년은 너무 궁금해 기도의 순례를 떠나게 됩니다. 길을 걷다 보니 큰 교회가 보였습니다. 청년은 생각하길 저기 계신 목사님은 큰 교회에서 목회하고 계시니까 기도에 대하여 잘 알겠지 해서 목사님을 찾아가 "목사님! 쉬지 말고 기도하는 것이 어떻게 하는 기도입니까?"하고 질문하자 큰 교회 목사님은 대답하길 "나도 그것을 모르겠다. 후에 그것을 알게 되면 나에게 가르쳐 다오. 나도 그렇게 기도하고 싶다."고 하는 것이었습니다. 그래서 그 청년은 또 다른 많은 교회를 찾아가 "도대체 쉬지 말고 기도하는 것이 어떻게 하는 기도입니까?"하고 물어보았습니다. 그러나 가는 교회 목사님들마다 모르겠다고 대답하였습니다.

이렇게 기도의 순례를 떠난 청년에게 시골의 작은 교회가 보였습니다. 그래서 그 청년은 그 작은 교회 목사님을 찾아서 "목사님! 쉬지 말고 기도하라는 말씀이 도대체 어떻게 하는 기도입니까?"하고 물었더니 그 목사님이 말씀하시길 "나도 잘 모르겠지만 혹시 이것이 아닌지 모르겠다." 하며 말씀하시길 "하루에 3천 번씩 '예수여'를 불러 보라."는 것이었다. 그래서 그 청년은 일주일 동안 매일 3천 번을 예수여 하고 부르며 기도했습니다. 그리고 일주일 후에 다시 찾아가 3천 번을 기도했다고 하니 그 목사님은 다시 그러면 6천 번을 해보라 하는 것이었습니다. 그래서 그 청년은 6천 번을 예수여 하며 기도했습니다. 그리고 그 목사님을 다시 찾아갔습니다. 그랬더니 그 목사님은 다시 말씀하시길 그러면 한번 만2천 번을 예수여 하며 매일 기도하라는 것이었습니다.

그래서 그 청년은 매일 만2천 번을 예수여 하며 기도했습니다. 그랬더니 놀라운 일이 일어났습니다. 이렇게 매일 예수여를 만2천 번을 기도하던 청년에게 어느 날 9가지 은사가 다 임했습니다. 그런데 그 기도의 방법이라는 것이 바로 예수여만 하는 것이었습니다. 성도 여러분! 우리도 주 예수를 하루에 만이천 번을 불러 성경에 있는 모든 은사를 다 받읍시다.

3. 이탈리아가 낳은 성자 프랜시스(1182-1226)의 기도

프랜시스는 사랑의 화신 같은 그리스도인이었습니다. 그의 사랑은 사람에게 뿐만 아니라 나무와 새와 해와 별과 달과 보이는 모든 것에 미쳤습니다.

그의 친구이며 부자인 베르나드는 프랜시스의 놀라운 사랑의 힘이 어디서 나오는지는 알기 위해 프랜시스의 집에 묵으며 며칠을 함께 생활하였습니다. 그러면서 그가 발견한 특이한 장면은 모두가 잠든 한밤중에 프랜시스가 침상에서 일어나 앉아 기도하는 모습이었습니다.

프랜시스의 기도는 계속 밤새도록 "오, 나의 주님, 주님은 나의 전부입니다. 나의 주님, 주님은 나의 전부이십니다."하고는 눈물을 흘렸습니다. 다른 기도의 말은 들을 수가 없었다고 합니다. 눈물을 흘리며 같은 말을 여러 번 반복하는 것이었습니다.

베르나드가 발견한 것은 프랜시스가 주님의 사랑에 너무 감격해서 드리는 감사의 눈물과 그 감격이 사랑의 힘이 되었다는 비결이었습니다. 베르나드는 며칠 동안의 동거생활 뒤에 자기의 전 재산을 프랜시스의 사랑의 운동을 위하여 바쳤습니다. 성도 여러분! 우리도 프랜시스처럼 주님만을 사랑한다고 눈물로 기도하시길 바랍니다. 그러면 프랜시스와 같은 영성을 가질 수 있을 것입니다.

4. 하나님의 음성을 듣는 방법

한번은 한 목사님이 내게 물어본 적이 있었습니다. "해긴 목사님, 작은 교회들도 방문하시나요?" 내가 대답했습니다. "예, 주님께서 가라고 하시는 곳은 어디나 갑니다." 그러자 그 목사님은 그의 교회에 대해 말하면서 이렇게 말했습니다. "만일 하나님께서 허락하신다면, 당신이 오셨으면 좋겠습니다." 그러나 나는 그의 초대를 금방 잊어버리고 말앗습니다.

그런데 몇 개월 후에 내가 어떤 다른 일들을 위해 기도하고 있을 때, 그 대화가 떠올랐습니다. 그 후로 매일 생각이 나는 것이었습니다. 4일째 되는 날 마침내 내가 말했습니다. "주님, 제가 그 교회에 가기를 바라십니까?" 그리고 내가 그것에 대해 더 기도하면 할수록 내 속에서는 그 초대를 받아들이라는 느낌이 점점 강해졌습니다.

예수님께서는 내 침대 곁에 앉으셔서 이 일을 언급하셨습니다. "네가 그것을 생각하면 할수록 더 잘 느끼게 된다." 주님께서 내게 상기시키셨습니다. "너는 네 영 가운데 벨벳과 같은 느낌을 가졌었다. 그것이 바로 파란 불이다. 그것이 가라는 신호이다. 그것이 성령께서 가라고 증언하는 것이다. 지금 너는 나를 보고 있고, 나는 네게 그 교회에 가라고 말하고 있다. 그러나 이제 다시는 이런 식으로 네게 어디 가라고 인도하지 않을 것이다. 이제부터는 내가 모든 그리스도인들을 내적 증거로 인도하듯이 너도 그렇게 인도할 것이다."

성도 여러분! 하나님의 음성을 귀로, 배로 들으려 하지 마시기 바랍니다. 잘못하다 마귀의 음성을 들을 수 있기 때문입니다. 여러분이 하나님의 음성을 진짜 듣고 싶으면 영감인 영적인 감각으로 들으시기 바랍니다. 그러면 진짜 하나님의 음성을 들을 수 있습니다. 영감으로 오는 하나님의 음성은 자꾸 생각나고 기억나고 떠오르는 것입니다. 이것이 하나님의 음성입니다.

5. 케네스 해긴 목사님이 본 주님

케네스 해긴 목사님의 영이 에녹과 같이 빨려 들어가 먼저 죽은 여동생을 천국에서 만났는데 그 내용을 소개하자면 다음과 같습니다.

내 유일한 여동생인 올레타가 55살에 암으로 죽게 되었습니다. 우리 집안사람들은 모두 그녀가 마지막 숨을 거두는 날 저녁 그녀의 침대 곁에 모였습니다. 동생이 죽은 다음날 밤 한시반쯤에 나는 내 여동생의 영이 그녀의 몸을 떠나서 주님과 함께 있기 위해 하늘나라로 올라갔을 때 어떤 상태일까 하고 침대에 누워서 생각하고 있었습니다. 이때 갑자기 엘리베이터 만한 크기의 밝은 황금빛이 하늘로부터 천정을 바로 뚫고 비췄습니다. 그 빛이 내게 닿자마자 나의 영은 나의 몸을 떠났습니다. 마치 엘리베이터가 올라가듯 나는 그 빛줄기를 타고 하늘나라에 도달할 때까지 올라갔습니다.

그리고 해긴 목사님은 하늘에서 예수님과 동생이 이야기하는 소리를 들었습니다. 그리고 동생이 이 땅에 살고 있는 예수 믿지 않는 자신의 막내 아들인 켄에게 "내 아들에게 그는 결코 행복하지 못할 것이며 그가 자신의 삶을 주님께 드리기 전에는 인생에서 아무것도 잘되는 것이 없을 것이라고 전해 주세요"하는 부탁을 받고 전해 주기도 했습니다. 그리고 해긴 목사님은 그곳에서 주님도 만나고 계시도 받았다고 합니다. 그런데 이것이 처음 시작된 것은 상상으로부터 시작되었다고 합니다.

성도 여러분! 영안은 처음부터 열린 분도 계시지만 이렇게 상상하며 기도할 때 열리기도 합니다. 그러므로 기도할 때 마다 영안이 열린 것을 상상하며 기도하시길 바랍니다.

제 **3** 장

응답을 가져다주는 상상기도

1. 방언 자생자답 기도

1) 자생자답 기도란

방언 자생자답 기도란 방언을 말하며 속으로 상대방이(기도의 대상자) 감동 받아서 하는 고백까지 상상가운데 내가 고백을 하며 하는 기도를 말하는데 이를 저는 자생자답이라 합니다. 즉 내 생각으로 상상하며 상대방이 할 말을 내가 대신하며 하는 기도를 말합니다.

어느 목사님이 자생자답 기도의 말씀을 제게 듣고 당신 교회 성도에게 이것을 가르쳤는데 그 성도가 응답을 받았다고 합니다. 그래서 그 목사님은 너무 기뻐 그 응답 받은 내용을 저에게 다시 전화로 하신 말씀입니다.

그 목사님의 교회 어느 권사님이 당신의 며느리가 수요예배와 성가대에 앉지 않자 제가 말하는 상상기도를 했습니다. 권사님은 상상하며 성령님! 우리 며느리가 "어머니! 제가 오늘 부터는 수요예배도 참석할게요."하며 수요예배에 참석하여 열심히 찬양하며 기도하는 모습을 상상하며 기도했다고 합니다. 그런데 놀랍게도 일주일 후에 며느리가 말하길 "어머니! 제가 오늘부터는 수요예배에도 참석할게요."
하더라는 것이었습니다.

상상기도로 응답 받은 권사님은 너무 기뻐 다시 그 며느리를 위해 상상하며 기도하길 "어머니! 제가 오늘부터는 성가대도 설게요."하며 성가대 자리에 앉아서 찬양하는 모습을 상상하며 기도했다고 합니다. 그랬더니 일주일 후에 다시 며느리가 어머니께 와서 하는 말이 "어머니! 제가 오늘부터는 성가대도 설게요."하더라는 것이었습니다. 그래서 권사님은 상상기도로 결국 응답을 다 받았다는 것이었습니다.

이렇게 우리가 상상기도를 할 때는 방언을 하며 속으로 자생자답인 그 사람이 감동받아 하는 말과 제스처(손짓,발짓)까지 상상하며 내가 기도하며 말해야 하는 것입니다. 이렇게 상대방이 말할 것과 제스처까지 상상기도 중 말해 주는 것 그것이 바로 자생자답 기도입니다. 여러분도 이 방법으로 기도하면 놀라운 응답을 받게 될 것입니다. 저도 이 기도로 많은 응답을 받았습니다.

2) 자, 그렇다면 왜 자생자답 기도가 필요할까요?

우리가 일반적으로 '나'라 하면 우리는 육체를 뜻하고 말합니다. 그래서 "나는 행복하다. 나는 기쁘다."라고 말하는 것을 육체인 나를 보고 말합니다. 그러나 성경에서 '나'라 할 때는 육체를 말하는 것이 아니라 '영'을 말합니다. 즉 성경에서 '나'는 '영'을 '나'라 하는 것입니다. 그러므로 성경에서 "나는 행복하다. 나는 기쁘다."라 하면 이는 "내 영이 기쁘고 행복하다"는 말인 것입니다. 그러므로 이제부터는 주어 '나'라는 말의 인식 전환이 필요합니다. 지금까지 '나' 할 때 '나'는 육체를 염두해 두고 말했지만 이제부터 '나' 할 때 나는 육체가 아니라 '영'을 염두해 두고 하는 말입니다.

그런데 이 '영'은 육신이 병들고 늙었다할지라도 영은 언제나 백옥 같이 희고 빛이 나고 강건하고 건강합니다. 영은 병들지 않습니다. 또한 우리가 육체는 늙지만 마음은 늙지 않는 것 같이 영도 늙지 않습니다. 그러므로 영은 언제나 건강하고 젊고, 기쁨이 넘치고, 주님만 추구하고, 주님만 사랑합니다. 그게 영입니다. 그런데 이 영이 바로 주어인 '나'입니다. 육체의 모습이 아닌 영이 주어인 '나'입니다. 그러므로 지금부터는 주어의 인식전환이 필요합니다.

즉 '나'라는 사람은 육체를 의미하는 것이 아니라 영인 '나'라는 사실을 알아야 합니다.

혹시 질병으로 고민하시는 분이 계시다면 육체가 질병으로 고생하는 것이지 영은 질병에 걸리지 않습니다. 그러므로 육체를 향해 내 영이 말하면 됩니다. 내 영이 건강한 것 같이 내 육체야 너도 건강하라고 말입니다.

3) 영은 영끼리 통한다

영은 영끼리 통합니다. 그래서 성령이 내 영 속에 계신 것 같이 사람의 영은 사람의 영끼리 통합니다. 이를 불신자들은 파동이라 말합니다. 어떤 사람이 지하철에서 난동을 피울 때 우리가 그를 보며 "그의 영에게 난동 피우지 말고 잠잠하고 그리고 지하철에서 내려라."하면 그 사람이 갑자기 지하철에서 난동을 피우다 멈추고 무슨 생각이라도 난 것 같이 지하철에서 내리는 것입니다. 왜냐하면 사람의 영은 사람의 영끼리 통해서 그렇습니다. 그러므로 우리는 우리가 기도하는 대상의 영에게 말도 하고 제스처도 하고 그 사람의 영이 감동 받아서 할 말을 내가 대신 해보시길 바랍니다. 아마 앞에서 말씀 드린 것 같이 놀라운 응답을 체험하게 되실 것입니다.

저는 가끔 기도하다 제 영이 중보기도 대상의 영의 이마를 제 손가락으로 찍으며 기도합니다. 그러면 손으로 안수 기도하지 않아도 그 사람의 영의 이마가 제 손에 찍히어 병이 치료 받는 경우가 있습니다.

또한 어느날 제가 잠을 자고 있었는데 배꼽에서 오른쪽으로 5센티 지점을 콕콕찌르면서 기분 나쁘게 아팠습니다. 그래서 잠이 깨 기도하기 시작했습니다. 저는 상상하며 기도하길 내 오른손 장지 손가락에서 성령의 레이저(성령의 치료의 광선 또는 빛을 레이저로 표현한 것임)가 나온다고 상상하며 그 통증 있는 배 부분에 그 오른손 손가락을 올려놓고 계속 성령의 빛이 나온다고 생각하며 이 빛이 내 아픈 부분을 치료한다고 생각하며 2시간 동안 누워 기도했습니다. 그런데 2시간 후 정말 거짓말 같이 그 아프던 통증이 사라지고 재발하지 않았습니다.

이런 차원에서 자생자답 기도가 필요한 이유는 바로 영은 영끼리 통하기 때문입니다. 그러므로 앞에서 말씀드린 권사님이 당신의 며느리 대신 자생자답하며(며느리가 할 말과 제스처를 대신하는 것) 기도하자 응답 받은 것 같이 우리도 자생자답하며 기도해야 합니다. 그러면 응답을 아주 많이 받게 될 것입니다.

제 **4** 장

나는 이렇게 성령의 불을 받았다

1. 울산의 어느 사모님이 불 받은 이야기

저의 아내가 영성 운동을 하며 영성집회에 다닐 때 울산의 어떤 사모님을 알게 되었는데 어느 날 그 사모님이 불 받은 이야기를 하셨습니다. 그 사모님이 말씀하시길 당시 사모님이 마태복음 5~7장의 산상보훈의 말씀을 묵상하며 기도하고 있었다고 합니다. 묵상 가운데 주님이 많은 무리 가운데 말씀하시는 장면을 상상하며 그 속에 사모님이 들어가 그 군중의 맨 앞자리에 앉아서 주님의 말씀을 듣는다고 생각했다는 것입니다.

사모님은 산상보훈 현장에 상상으로 들어가 주님의 말씀을 듣고 아멘하며 은혜를 받고 있는데 갑자기 주님이 사모님을 쳐다보더라는 것이었습니다. 그때 사모님의 눈과 주님의 눈이 마주치는 순간 성령의 불덩어리가 배로 임했다고 합니다. 얼마나 뜨거웠던지 후에 보니 진짜 성령의 불을 받아 배에 화상을 입어 흉터가 있었다고 합니다.

성도 여러분, 우리도 말씀을 묵상할 때 주님이 설교하시는 그 장면으로 진짜 상상으로 들어가 보시기 바랍니다. 그

리고 주님의 눈과 마주쳐 보시기 바랍니다. 그러면 그 사모
님과 똑같이 성령의 불을 받게 될 것입니다.

2. 어느 집사님이 불 받은 이야기

광주에서 감자탕집을 하시는 집사님이 계시는데 그 집사
님이 젊었을 때 불 받은 이야기를 제게 했습니다. 집사님은
당시 성령의 불을 받기 위해 기도한 적도 없었다고 했습니
다. 그런데 언니네 집 큰방에서 집사님의 엄마와 작은 오빠
와 집사님과 셋이서 말하면서 있었는데 갑자기 뭔가 뜨거
운 불이 아랫배로 들어가 5분 정도 뜨거워서 팔짝팔짝 뛰
었다고 합니다.

제 **5** 장

상징으로 되어 있는 환상 해석법

릭 조이너 목사님은 말씀하시길 환상 중에는 해석이 필요 없는 선명한 열린 환상이 있는가 하면 해석이 필요한 상징으로 보여주는 환상이 있다고 하셨습니다. 이에는 첫째로 성경의 상징을 이해해야 해석되는 환상이 있고, 둘째는 성경에 나와 있지 않으나 그 사람의 상황을 설명하는 환상이 있다고 하셨습니다.

첫째로, 성경의 상징을 이해해야 해석되는 환상

예를 들면

1) 비가 내리는 것은 가르침을 말합니다.

내가(릭 조이너) 교사로 부르심을 받은 어떤 이를 위해 기도 할 때 종종 비가 내리는 것을 보게 됩니다. 왜냐하면 "나의 교훈은 내리는 비요"라고 모세가 말했듯이 성경에서 비는 가르침을 상징하기 때문이라는 것입니다.

2) 은은 대개 구속을 말합니다.

아브라함의 아내 사라는 은으로 구출을 받았습니다. 그리스도의 예표인 요셉은 형제들이 은을 받고 팔았습니다. 광

야에서 이스라엘은 그들의 구속의 대가로 각각 은 반세겔을 바쳐야 했으며 예수님께서는 우리를 구속하시기 위해서 은에 팔리셨습니다. 하나님의 손이 어떤 이에게 은을 주시는 것을 보면 그것은 그가 그를 구원하실 것이라는 의미입니다. 한번은 하나님께서 어떤 사람에게 은으로 된 머리띠를 두루시는 것을 보았는데 그 의미는 하나님께서 그 사람의 지각을 구원하시기 원하신다는 의미였습니다.

3) 구리는 인간의 본성을 의미합니다.

구리는 인간의 본성을 의미하는데 그 이유는 구리가 금과 비슷하지만 쉽게 녹이 슬기 때문입니다.

4) 금은 보통 구속을 의미합니다.

5) 청색은 하늘 혹은 천국의 색이므로 성령의 영역을 말합니다.

6) 붉은 색은 피의 색깔이므로 희생을 의미합니다.

7) 자색은 청색과 적색의 혼합이기 때문에 왕이나 권위를 상징하는 색깔입니다.

이는 곧 영적인 권위는 하나님의 계시와 희생을 기반으로 한다는 것을 의미합니다.

8) 메마른 강바닥은 단절을 의미합니다.

환상속에서 메마른 강바닥은 주로 기름부음심이 그쳐버린 영적인 운동이나 교단과 관계가 있는 경우가 많습니다. 메마른 강바닥은 물이 흐르다가 그쳐버린 장소이기 때문입니다.

9) 파리는 거짓말을 뜻합니다.

파리는 보통 거짓말을 뜻하는데 그 이유는 사단은 파리의 왕이라는 뜻의 바알세블이라고 불렀으며 또한 그는 거짓말의 아비이기 때문입니다. 파리는 또한 올바로 처리되지 않은 쓰레기나 폐물을 먹고사는 동물인데 원수들이 교회를 대적하여 사용하는 거짓말의 근원이 바로 그런 쓰레기입니다.

둘째로, 성경에서 나오지 않는 상징들은 사람이나 상황에 관계되어 있는 경우입니다.

1) 한번은 내가 처음 본 사람에게 사역을 하고 있는 중이 었는데 그가 아주 메마른 곳에서 땅을 파고 있는데 아무 것도 찾지 못하고 있는 것을 보았습니다. 그리고 나서 멀지 않은 곳에서 커다란 유정탑을 보았습니다. 그 사람은 거리로 들어가서 멀리 가지 않아서 땅을 팠는데 기름이 터져 나왔습니다. 그 환상은 나에게는 잘 이해가 되지 않았지만 그에게는 아주 의미심장한 것이었습니다. 그는 한 때 유전 사업을 했으나 그 당시에는 교회를 개척하려고 하는 중이었습니다. 그 환상은 그가 올바른 도구를 사용 하고 있지 않거나 정확한 곳을 파고 있지 않는 것을 말해 주고 있었으며 그 말은 모두가 사실이었습니다.

2) 또 한번은 어떤 젊은 여자를 위해서 기도를 하고 있었 는데 그가 파이를 굽고 있는 것을 보았습니다. 첫 번째 것 은 딱딱하고 마른 것처럼 보였는데 주님께서는 그것을 다 른 사람들에게 갖다 주라고 말씀하셨으며 그녀는 그대로 순종했습니다. 그런 다음 그녀가 또 다른 파이를 굽는 것

을 보았는데 이번에는 내가 본 것 중 가장 아름답고 먹음직스럽게 보이는 파이를 만들어냈습니다.

나는 알지 못했지만 그녀는 실제로 파이 만드는 것을 좋아하며 최근에 내가 말했던 그대로 파이 두 개를 만든 적이 있습니다. 그때 하나님께서 그 환상을 풀어주셨습니다. 그녀는 자신이 전했던 말씀과 사역이 너무나 메마르고 딱딱하다고 생각했기 때문에 그것들을 나누기를 부끄러워 했습니다. 주님께서는 그녀에게 신실해야 될 것과 그녀가 가지고 있는 것을 나눌 것을 말씀하고 계셨습니다. 또한 그녀가 주님의 말씀에 순종할 때 더 큰 것으로 주실 것을 약속하셨습니다.

3) 내가(릭 조이너) 한 집회에서 설교를 하고 있을 때의 일이었습니다. 내가 밑을 내려다보았는데 맨 앞줄에 앉은 청년에 대한 환상이 보였습니다. 환상에서 그가 변기를 청소하고 있었으며 그 다음에는 죽은 사람들을 일으키고 있었습니다. 나는 설교를 잠시 중단하고 그에게 환상에 대해서 말해 주었습니다.

나는 그 환상이 무슨 의미인지 몰랐지만 그 젊은이는 상당히 충격을 받았습니다. 나중에 그는 자신의 이야기를 나에게 해 주었는데 그는 하나님에게 순종하여 사역을 그만두고 교회 청소부가 되었다고 했습니다. 최근 아주 더러운 화장실 청소하고 나서 하나님께 버림받은 것 같이 느껴지면서 깊은 절망감을 느끼게 되었다고 합니다. 그때 하나님께서는 그에게 음성을 들려주시며 그가 청소부로 충성을 다 한다면 언젠가 죽은 자를 일으킬 것이라고 말씀하셨다고 했습니다. 나의 환상은 그것을 확증해 주었으며 그에게 커다란 격려가 되었습니다.

  결론적으로 말씀 드리면 환상에는 해석이 필요 없는 열린 환상이 있는가 하면 대부분의 환상은 상징으로 되어 있기에 해석이 필요할 때가 많습니다. 여기서 열린 환상이란 비몽사몽 간에 본 환상이나 선명한 현몽과 같은 꿈을 의미합니다.

⟨흐레마 성경 공부 오흥복 목사의 저서 시리즈⟩

이렇게 기도했더니 영안이 열렸다

성도들의 초미의 관심사는 아마 방언을 말하고, 영안(환상)이 열리고, 예언을 하고, 통역을 하는 것이 아닐까 합니다. 이런 분들에게 이 책이 아마 큰 도움이 될 것입니다. 왜냐하면 이 책에서는 환상을 보는 방법과 성령의 불을 받는 방법이 기록되어 있기 때문입니다. 단언컨대 이렇게 영안이 열리는 방법과 성령의 불을 받는 방법을 기록한 책은 국내에서 이 책이 유일하다고 봅니다.   (가격 11,500원)

암병이 치료된 사람들의 이야기

부자가 되는 방법은 부자들이 했던 방법을 그대로 흉내내서 하면 되는 것 같이 불치병에서 치료 받는 방법도 역시 그들이 했던 기도의 방법을 그대로 따라하면 됩니다. 이 책에서는 바로 그들이 기도했던 기도의 방법을 그대로 다루고 있습니다.   (가격 11,500원)

천사를 만난 사람들의 이야기

이 책은 일상생활 가운데서 천사를 만난 사람들의 이야기와 위경에 처했을 때 천사의 도움을 받은 실제적인 이야기가 나오는데 특별히 임종에 처한 성도들의 이야기를 들어보면 예수님을 잘 믿은 성도들은 언제나 돕는 천사 둘이 나타나고, 신앙생활을 잘못한 신자들에게는 언제나 천사들과 죽음의 사자가 같이 나타남을 알 수 있습니다.   (가격 12,000원)

본질을 찾아서

어거스틴이 쓴 책 중 "신앙 핸드북"이란 책이 있는데 이는 우리가 신앙생활하며 궁금해 했던 성경 내용들을 요약해 기록한 책인데 저의 이 책이 바로 그런 역할을 하게 될 것입니다. 우리가 신앙생활하며 궁금해 했던 성경말씀들이 많이 있을 것인데 그 내용을 제가 36년 동안 성령의 안경을 쓰고 추적한 결과 그 해답을 찾아 정리해 놓은 책이 바로 이 책입니다.

(가격 6,000원)

예수님이 보신 성경 70인역 창세기 번역본

우리는 예수님과 제자들이 맛소라 사본인 우리가 보는 구약성경을 보신 줄 아는데 그렇지 않습니다. 당시 예수님과 12제자들과 바울과 스테반과 어거스틴과 요세푸스는 구약 헬라어 성경 70인 역을 보았습니다. 그러나 안타깝게도 우리나라에 이 70인 역 성경이 번역되지 않아 부족하지만 번역하게 되었습니다. 한번 구매해 읽어 보시면 깜짝 놀랄만한 소식을 접하게 될 것입니다.

(가격 18,000원)

헬라어적 관점과 역사론적 관점과 관용어적 관점으로 본 하존 요한 계시록 1권(계1-3장 까지)

헬라어적 관점이란 개정성경의 각 장의 요절들을 헬라어로 쉽게 해석했다는 말이며 헬라어의 유래를 찾아 헬라어가 어떻게 변했는지 쉽게 설명하고 있다는 말입니다. 또한 역사론적 관점이란 요한 계시록을 역사론적으로 해석하고 있다는 말이며, 관용어적 관점이란 요한 계시록이 관용어로 연결되어 있는 것을 관용어를 찾아 설명하고 있다는 말입니다.

(가격 12,800원)

하존 요한 계시록 2권 (계4-8장 까지)

요한 계시록은 관용어로 기록되어 있는데 이 관용어를 히브리어로 마솰이라 합니다. 마솰을 다른 말로 하면 잠언이란 뜻입니다. 예수님의 비유를 헬라어로 파라볼레라 하는데 이 파라볼레의 유래가 마솰입니다. 이 마솰을 쉽게 해석하면, 관용어, 속담, 격언이란 뜻입니다. 그런데 계시록은 바로 이 관용어인 마솰로 연결되어 있습니다. 그러므로 본 책을 보시면 계시록을 기록할 당시 요한이 이 관용어를 어떻게 사용해서 계시록을 기록했는지 알 수 있습니다.

(가격 12,800원)

하존 요한 계시록 3권(계9-12장 까지)

계시라는 말에는 헬라어 "아포칼륍시스"와 히브리어 "하존"이라는 말이 있는데 "아포칼륍시스"는 자연계시, 일반계시, 특별계시, 기타 등등의 계시라 해서 광역적인 계시를 말하고, 하존이란 한 가지 주제에 포커스(초점)을 맞추고 집중 조명하는 것을 말합니다. 제가 쓴 책인 이 요한 계시록이라는 책이 바로 종말(하존)에 포커스를 맞추고 쓴 책입니다.

(가격 12,800원)

하존 요한 계시록 4권 (계13-17장 까지)

이 책을 선택하신 여러분은 탁월한 선택을 하신 것입니다. 왜냐하면, 한국에서 헬라어적 관점과 역사론적 관점과 관용어적 관점으로 요한 계시록이란 책을 쓴 사람이 없고, 이 세 가지 입장에서 세미나를 하시는 분도 한 분도 없기 때문입니다. 그러나 저는 이 세 가지 관점에서 이 책을 썼습니다.

(가격 12,800원)

하존 요한 계시록 5권 (계18~19장,계21~22장 까지)

관용어란 히브리어로 "마솰"이라 하는데 이 말은 잠언을 말하는 것으로 "속담, 격언, 관용어"란 뜻이 있습니다. 그런데 이 마솰에서 비유라는 사복음서의 파라볼레가 유래 되었는데 이를 관용어라 합니다. 그런데 놀랍게도 요한 계시록은 제1장부터 22장까지 이 비밀코드인 마솰(파라볼레=관용어)로 다 연결되어 있습니다. (가격 12,800원)

하존 요한 계시록 6권 (계20장)

계시록은 관용어라는 비밀코드로 연결되어 있습니다. 그러므로 이 관용어인 비밀코드를 알지 못하면 요한 계시록은 해석될 수 없습니다. 그런데 저의 본 책이 바로 이 비밀코드를 푸는 열쇠가 될 것입니다. 왜냐하면, 계시록에 나와 있는 관용어를 다 정리해 놓았기 때문입니다. 여기서 관용어란 속담, 격언, 잠언, 비유를 뜻하는 말입니다. (가격 12,800원)

뉴 동의보감

어느 약사 장로님이 저의 이 책을 보시고 말씀하시길 "허준의 동의보감보다 목사님이 쓰신 이 책이 동의보감보다 더 잘 쓰셨습니다." 하고 말씀하시는 것을 들어 보았습니다. 그 약사 장로님이 말씀하신 것 같이 이 책에는 어느 병에는 어느 약초들이 좋은지 그 약초들의 소개로 가득 차 있습니다. 저 또한 몸에 병이 올 때 제가 쓴 이 책에 나오는 약초들을 사용함으로 대부분의 병을 치료받곤 했습니다. (가격 12,000원)

나는 기도응답을 100% 받고 있다

저자 오흥복 목사는 2003년까지만 해도 기도응답을 거의 받지 못했지만 기도의 방법을 바꾸고 나서 거의 100% 기도 응답을 받았습니다. 이 책에서는 이렇게 거의 100% 기도 응답 받을 수 있는 방법을 제시하고 있습니다. 여러분들도 이 책에서 제시하는 방법대로 기도하는 순간, 기도응답을 거의 100% 가까이 받게 될 것입니다.   (가격 11,000원)

기도응답은 만들어 받는 것이다

이 책은 1권인 "나는 기도응답을 100% 받고 있다"라는 책의 후속 편으로 1권을 기반으로 썼기 때문에 1권을 보시지 않고, 이 책을 읽으면 잘 이해가 되지 않는 부분이 있습니다. 그러므로 반드시 1권을 읽으시고 이 책을 대하시길 바랍니다. 이 책은 지금 당장 문제 가운데 있는 분들이 보신다면 흑암의 터널을 통과하는 서광이 될 것입니다.   (가격 11,000원)

이젠 돈 걱정 끝

이 책은 물질에 대한 이해와 기본구도에 대해 설명하고 있습니다. 이 책을 보시면 물질이 어떻게 움직이는지 알게 됩니다. 그뿐만 아니라 이 책의 핵심은 번제인데, 번제는 힘으로도 안 되고, 눈물로도 안 되고, 기도로도 안 되던 문제를 해결하는 만병통치약과 같은 것으로 이 번제에 대하여 아주 잘 설명하고 있습니다. 또한 이 책과 "부자들의 이야기 그들은 이렇게 해서 부자가 되었다"라는 책과 "한국의 탈무드" 1.2.3권은 한 권의 책이라 보시면 됩니다. 그러므로 물질 문제를 해결하기 위해서는 이 책과 부자들의 이야기와 한국의 탈무드 1.2.3권의 책을 반드시 같이 보셔야 합니다.   (가격 12,000원)

한국의 탈무드 1

이 책은 묵상이 무엇이며, 무엇을 묵상해야 하며, 인생의 답인 지혜에 대하여 자세히 다루고 있습니다. 이 책에서는 솔로몬이 가졌던 지혜를 누구나 가질 수 있음을 말하고 있는데, 그 방법은 4가지를 통해 가질 수 있고, 생활 가운데 그 지혜를 활용하는 방법도 소개되고 있습니다. 사실 이 책과 "이젠 돈 걱정 끝이란 책과 부자들의 이야기 그들은 이렇게 해서 부자가 되었다"란 책은 한 권이라 보면 됩니다. 그러므로 이 책을 보신 분들은 "이젠 돈 걱정 끝과 부자들의 이야기"라는 책을 반드시 참고하셔야 합니다. (가격 11,000원)

한국의 탈무드 2

이 책은 "한국의 탈무드 1"을 기반으로 쓰인 책으로 성공의 원리와 삶의 원리를 다루고 있습니다. 성공도 그렇고, 삶도 그렇고 모든 것에는 원리가 있습니다. 그래서 이 원리에 맞게 움직이면 우리는 누구나 다 성공할 수 있고, 원리에 맞게 움직이지 않으면 공부를 많이 했어도 실패할 수밖에 없습니다. 저는 이 책에서 지혜를 갖는 원리와 성공과 생활의 원리 약 80여 가지를 다루고 있습니다. 여러분들이 이 책에 나와 있는 원리를 잘 알고, 적용하시면 아마 100% 성공적인 삶을 살게 될 것입니다. (가격 11,000원)

한국의 탈무드 3

하나님이 주신 지혜인 영감과 원리를 가지면 세상을 정복할 수 있습니다. 그런데 이 책엔 이런 원리와 예화가 가득 차 있습니다. 저는 개인적으로 지혜만 가지고 있으면 사막과 황무지에서도 살아남고 성공할 수 있다고 봅니다. 그런데 저의 책

"한국의 탈무드" 1.2.3권이 이런 지혜를 주는 지혜의 보고가 될 것입니다. 이 책엔 2권에서 다 말하지 못한 원리들과 지혜 예화들이 나오고 있습니다. 그러므로 이 책의 원리와 예화를 그대로 적용하시면 아마 100% 성공적인 삶을 살지 않을까 생각합니다.   (가격 11,000원)

임재 기도의 힘, 생각만 해도 응답 받는다

이 책은 임재와 기름부음의 차이, 어떻게 하면 성령의 임재 가운데 있을 수 있는지 아주 잘 설명하고 있으며, 어떻게 하면 생각만 해도 응답 받는지에 대하여도 잘 설명하고 있습니다. 그분만 아니라 방언에 대한 오해와 궁금한 모든 것을 아주 자세히 설명하고 있습니다. 이 책을 보시면 누구나 방언을 말하게 될 것이며 또한 "성령을 이해하면 당신도 환상과 예언을 할 수 있다"라는 책은 이 책의 후속편이오니 참고해 주셨으면 합니다.   (가격 11,000원)

성령을 이해하면 당신도 환상과 예언을 할 수 있다

이 책은 "임재 기도의 힘, 생각만 해도 응답 받는다"의 후편으로 성경에 나와 있는 9가지 은사를 어떻게 받으며, 은사를 사용하는지에 대하여 다루고 있습니다. 그분 아니라 우리의 초미의 관심이 되는 환상에 대하여 자세히 다루고 있으며, 또한 예언하는 방법에 대하여 자세히 다루고 있습니다. 이 책을 읽으시고, 바로 이해만 하신다면 이제는 누구나 환상을 볼 수 있게 되고, 예언을 할 수 있게 될 것입니다.   (가격 11,000원)

부자들의 이야기 그들은 이렇게 해서 부자가 되었다

이 책은 록펠러와 빌게이츠, 샘 월튼, 호텔왕 콘래드 힐튼, 워렌 버펫, 그리고 한국의 부자들이 실제로 어디에 어떻게 투자해서 부자가 되었는지 그들의 투자 노하우가 그대로 심층 분석되어 있습니다. 이 책을 보시고 이 책에서 제시하는 방법대로 투자하면 당신도 부자가 될 수 있을 것입니다. 다시 말해 실전 투자 방법들이 소개되고 있습니다. 사실 이 책과 "이젠 돈 걱정 끝", "한국의 탈무드" 1.2.3권은 한권의 책이라 봐야 할 것입니다. 그러므로 이 책을 보신 후 그 책들을 참고해 주셨으면 합니다.　　　　　　　　　　　　　　(가격 12.000원)

영적 존재에 대한 이야기

이 책은 여섯 가지 영적 존재인 하나님과 천사와 사람과 마귀와 귀신과 미혹의 영에 대하여 아주 자세히 쓰고 있습니다. 이 책을 읽으시면 여섯 가지 영적 존재의 움직임을 자세히 알게 되어 가만있어도 여섯 가지 영적 존재가 어떻게 활동하는지를 알게 될 것입니다. 이 책을 한마디로 말하면 여섯 가지 영적 존재를 아는 필독 도서라 보면 될 것입니다.

　　　　　　　　　　　　　　　　　　　　(가격 11,000원)

다가온 종말론

종말론에 대한 책들이 많이 있지만, 이 책은 주님이 보시는 종말론을 기록하였습니다. 저는 감히 말씀드립니다. 펠라 지역을 모르면 종말론을 다시 해야 한다고 말입니다. 그 정도로 종말론에 있어 펠라 지역은 중요합니다. 그런데 이 펠라 지역에 대한 정보가 바로 이 책에 기록되어 있습니다.

　　　　　　　　　　　　　　　　　　　　(가격 11,000원)

성경 보는 눈을 열어주는 창세기

우리는 창세기 하면 그저 신비로 생각하는데, 중요한 것은 우리가 성경을 아는데 있어 교두보의 역할을 하는 것이 바로 창세기입니다. 그러므로 우리가 창세기를 잘 알지 못하면 성경을 이해하는 데 어려움을 겪게 됩니다. 성경의 비밀이 창세기 안에 다 들어 있기 때문입니다.

(가격 11,000원)

삼위일체와 예수

우리는 삼위일체 하면 굉장히 어려워합니다. 그러나 실제로 삼위일체는 신비가 아니라 아주 쉬운 부분에 해당합니다. 이 책에는 이 삼위일체의 비밀을 잘 설명하고 있으며, 우리가 믿는 예수님에 대한 신비를 이해하기 쉽게 기록하고 있습니다. 그러므로 삼위일체와 예수님에 대하여 알고 싶으시면 이 책을 꼭 보시길 바랍니다.

(가격 11,000원)

상상하며 기도 하면 100% 응답 받는다

이 책은 제가 지난 24년 동안 기도 응답에 대하여 연구하기 시작하면서 응답 받았던 부분을 종합해 본 결과 얻어낸 결론입니다. 또한 지난 7년 전부터 이 결론을 가지고 임상실험을 해 기도응답을 거의 100% 받은 비밀을 그대로 공개하고 있습니다. 그래서 이 책을 저는 기도응답의 결정판이라 말하고 싶습니다. 여러분들도 이 책에서 제시하는 방법대로만 기도하신다면 틀림없이 100% 받게 될 것입니다.

(가격 6,000원)

주님을 사랑하면 복들이 온다

기도응답을 받기 위해서는 우리가 하나님이 사랑하시는 분을 사랑하면 되는데 그 첫째가 말씀이고 둘째는 예수님이십니다. 이 말씀과 예수님을 친밀하게 사랑하면 돈을 비롯한 영혼이 잘되고, 범사가 잘되고, 강건한 복을 받게 됩니다. 그런데 이렇게 말씀을 친밀하게 사랑하는 방법이 주어 3인칭을 주어 1인칭으로 바꾸면 되고, 주님을 사랑하되 사랑하는 증거를 가지고 있으면 됩니다. 자세한 내용은 이 책을 구매해서 읽어 주시길 바랍니다. (가격 6,000원)

다바르(이름대로 된다)

다바르라는 말은 말이 현실로 되는 창조적인 말을 의미하는 히브리어입니다. 우리나라 말에 "말에 씨가 있다"라는 말이 있는데, 이 말을 성경 식으로 표현하면 바로 다바르가 되는 것입니다. 어떤 사람은 뒤로 넘어져도 코가 깨지고 안 되지만 어떤 사람은 뒤로 넘어져도 일어날 때 돈을 줍고 성공하게 되는데, 이렇게 인생에서 실패와 성공을 좌우하는 이유가 바로 이름 때문입니다. 즉 다바르의 역사 때문입니다. 이 책을 읽어 보시면 이름의 중요성과 다바르의 중요성을 알게 되어 이제부터 성공적인 인생을 살게 될 것입니다. (가격 6,000원)

성경 보는 안경 1 (상)

우리가 성경을 가장 짧은 시간 내 독파할 수 있는 방법이 있는데 그것은 바로 성경의 용어를 잘 이해하는 것입니다. 저는 이 책을 조직신학 해석집이라 할 정도로 성경의 용어들을 읽기만 해도 쏙쏙 해석될 수 있게 기록했습니다. 그러므로 한번 구매해서 상, 하권 두 권을 읽어 보시면 여러분들이 지금까지 궁금해했던 성경에 대한 모든 답을 다 찾아낼 것이며 성경에 대한 궁금증이 다 사라질 것입니다. 상하권 두 권으로 되어 있으며 반드시 두 권 다 구매해 읽으셔야 합니다.

(가격 11,000원)

성경 보는 안경 2 (하)

이 책은 성경 보는 안경이라는 1권(상) 책에서 다루지 못한 내용을 이어 쓴 2권(하) 책으로 역시 기존에 어렵기만 했던 성경 용어들을 쉽게 볼 수 있게 해석해 놓은 책입니다. 우리가 성경을 단기간에 돌파할 수 방법이 있는데 그것은 성경 용어를 잘 이해하면 됩니다. 그런데 이 책은 1권(상)에 이어 읽기만 해도 성경 용어들이 잘 이해될 수 있게 썼습니다. 한번 구입해 읽어 보시면 성경이 쉽고, 재미있다는 것을 알게 될 것입니다.(가격 11,000원)

암과 아토피와 성인병은 더 이상 불치병은 아니다

서양의학의 아버지인 히포크라테스는 말하길 "면역은 최고의 의사이며, 최고의 치료법이다" 라고 했고, 유명한 약학 전문가인 "사무엘 왁스맨"은 "모든 질병을 고칠 수 있는 치료법은 이미 이 세상에 존재하고 있다"라고 말했습니다. 이 책에는 바로 이런 불치병을 치료할 수 있는 방법을 자세히 다루고 있습니다.

(가격 11,000원)

약이 없는 병은 없다 1 (품절)

제가 약초와 한국의 풀들을 연구하며 느낀 것은 세상에 약이 없는 병은 단 한 건도 없다는 것이었습니다. 또한 사람이 자연 수명을 다하지 못하고 죽는 이유가 약이 없어 죽는 것이 아니라 약을 찾으려 하지 않고, 약을 찾았어도 그 찾은 약을 믿지 않고 쉽게 포기해 버려서 죽는다는 것이었습니다. 이 책을 보시면 모든 병에 반드시 약이 있다는 것을 알게 될 것입니다.

(가격 11,000원)

약이 없는 병은 없다 2

만병통치약은 없어도 모든 병엔 다 약이 있습니다. 이 책에 있는 약초들이 여러분의 병을 치료할 것입니다. 이 책은 한국의 나무와 풀들인 약초에 대한 것이 2권이고, 이 책에서 다루지 못한 부분은 제3권에서 다루도록 하겠습니다. 여러분들이 이 책을 읽어 보시면 진짜 약이 없는 병은 없다는 것을 알게 되실 것입니다. 제가 이 책을 쓴 이유는 우리 믿는 모든 성도가 이 책을 읽으시고 120살까지 건강하게 무병장수하셨으면 해서 쓰게 되었습니다.

(가격 10,000원)

약이 없는 병은 없다 3

하나님이 주신 나무와 풀인 약초 안에 모든 병에 대한 약인 만병통치약이 있습니다. 이 책에 나와 있는 약초와 풀들이 당신의 병을 치료하는 만병통치약이 될 것이며, 우리가 약초에 대하여 잘 알면 진짜 약이 없는 병은 없다는 사실을 알게 될 것입니다. 저는 우리 성도들이 나무와 풀인 좋은 약초를 드시고 120살까지 무병장수했으면 합니다. 이 책을 읽어 보시면 120살까지 장수한다는 것이 결코 불가능한 일만은 아니라는 사실을 알게 될 것입니다.

(가격 10,000원)

세포를 치료하면 모든 병(암)이 치료된다 (절판)

우리 몸의 구조는 물이라고 하는 피가 70%이고, 세포가 30%로 구성되어 있습니다. 그러므로 우리 몸에 문제가 생기면 물이라고 하는 피와 세포를 치료하면 자동으로 병은 치료됩니다. 그런데 피에 관한 문제는 혈액순환에 관한 문제이며, 세포에 관한 문제는 8가지 당에 관한 문제입니다. 이 책은 바로 이 피와 세포를 어떻게 하면 정상으로 만들 수 있는지를 다루고 있습니다.   (가격 4,000원)

구원과 성막

이스라엘 사람들이 아론을 중심으로 눈에(출32:4) 보이는 하나님을 믿기 원하는 것을 하나님은 아시고 하나님은 그들을 심판하셨습니다. 그러나 한편으로는 눈에 보이는 하나님을 믿고 싶어 하는 사람의 마음을 이해하셔서 하나님의 얼굴인 성막을 주셨는데 그분이 바로 예수님이십니다. 이 책엔 여러분들이 신앙생활 하며 궁금해했던 구원의 3단계와 성막에 대하여 쉬우면서도 심도 있게 다루고 있으니 구원의 확신이 없으신 분들이나 성막에 대하여 궁금하셨던 분들이 보시면 신앙생활에 많은 도움이 될 것입니다.   (가격 11,000원)

침례와 성경

저는 모든 성도가 반드시 침례를 받아야 한다고 개인적으로 주장하는데 제가 왜 이렇게 강하게 주장하는지 그 이유가 이 책에 나옵니다. 성경이 무엇이며 왜 우리가 성경을 믿어야 하며 또한 사장되어 있는 말씀을 어떻게 레마로 살려내야 하며 어떻게 해야 말씀을 굳게 잡아 말씀이 그대로 이루어지게 하는지 그 방법이 소개되고 있습니다. 그러므로 당신도 이 책에

서 말하는 대로 하면 말씀이 레마로 역사하는 것을 체험하게
될 것입니다. (가격 11,000원)

성경의 진수(1)

성경을 입체적으로 볼 때 성경이 한눈에 들어오게 되어있습니
다. 그리고 성경을 입체적으로 보는 방법은 성경에 나와 있는
단어들을 바로 알면 됩니다. 이 책을 포함해「삼위일체와 예
수」,「다가온 종말론」,「영적 존재에 대한 이야기」,「성경 보
는 눈을 열어주는 창세기」,「성경 보는 안경1(상).2(하)권」,
「구원과 성막」,「침례와 성경」,「성경의 진수 1.2권」 등 10권
의 책을 읽어 보시면 당신도 바로 성경의 전문가 될 수 있을
것입니다. 이 책들이 바로 성경을 입체적으로 기록해 놓았기
때문입니다. (가격 11,000원)

성경의 진수(2)

성경은 단어들의 연속으로 구성되어 있습니다. 그래서 성경에
나와 있는 단어들만 완벽하게 이해하고 바로 알기만 하면 성
경을 관주해서 볼 수 있습니다. 이 책은 이렇게 당신에게 성경
에 나와 있는 용어들을 이해하는데 길잡이가 될 것이며 또한
이 책에 나와 있는 용어를 바로 알면 성경의 진수를 알게 될
것이며 성경을 통달하게 될 것입니다.

(가격 11,000원)

이렇게 기도했더니 영안이 열렸다

초 판 1 쇄 | 2022년 07월 31일

지 은 이 | 오흥복
펴 낸 이 | 이규종
펴 낸 곳 | 엘맨출판사
　　　　　　서울시 마포구 토정로 222 422-3
전 　 화 | (02) 323-4060
팩 　 스 | (02) 323-6416
홈 페 이 지 | www.elman.kr
메 　 일 | elman1985@hanmail.net
등 　 록 | 제10-1562(1985. 10. 29)

I S B N | 978-89-5515-024-7(03230)
정 　 가 | 11,500 원